Milet Publishing
Smallfields Cottage, Cox Green
Rudgwick, Horsham, West Sussex
RH12 3DE England
info@milet.com
www.milet.com
www.milet.co.uk

First English–Portuguese edition published by Milet Publishing in 2013

Copyright © Milet Publishing, 2013

ISBN 978 1 84059 797 4

Original Turkish text written by Erdem Seçmen
Translated to English by Alvin Parmar and adapted by Milet

Illustrated by Chris Dittopoulos
Designed by Christangelos Seferiadis

Printed and bound in Turkey by Ertem Matbaası

My Bilingual Book

Sight
A Visão

English–Portuguese

How do we see colors on a butterfly's wings?

Como vemos cores nas asas de uma borboleta?

Let's think about how we see things . . .

Pensemos no modo como a realidade se apresenta . . .

Our eyes show us everything, like faces,

Nossos olhos nos mostram tudo, como rostos,

colors, actions, places . . .

cores, ações, lugares . . .

Giraffe has a coat of brown spots on yellow.

A girafa tem uma camada de manchas que sobre um fundo amarelo est

Watch him bend to say hello!

Veja como se curva para dizer olá!

Our eyes can show our feelings.

Os olhos podem mostrar o que estamos sentindo.

We see Panda's eyes are smiling.

Vemos que os olhos do panda estão sorrindo.

To see, we need more than our eyes.

Precisamos de mais do que nossos olhos para observar.

We need light at night to help us spy.

De noite precisamos de luz para espiar.

Owl can see in a different way.

A coruja consegue ver de uma forma mais precisa.

Even in the dark, he can spot his prey.

Mesmo no escuro, consegue detectar sua presa.

Seeing through glasses? Now I'm perplexed!

Ver através de lentes? Que espanto!

When our eyes need help, we give them specs!

Quando os olhos falham, o óculos é uma ajuda e tanto!

Tears are not only for sad or happy,

As lágrimas não são apenas de tristeza ou alegria,

they help keep our eyes moist and healthy.

Ajudam a manter nossos olhos úmidos e saudáveis.

Our eyelids spread our tears when we blink,

Nossas pálpebras espalham as lágrimas quando as fechamos,

and we use them to sleep and to wink!

Também para dormir e piscar as usamos!

We close our eyes when we're asleep in bed,

Fechamos os olhos quando estamos dormindo,

but in our dreams, we may see orange, green, red . . .

mas em nossos sonhos podemos ver o mundo colorido . . .